Serie de Eficiencia Mental – Libro 2

Cómo mejorar la memoria y la concentración

Técnicas para aumentar tus capacidades mentales
y lograr que el cerebro funcione
a su máximo rendimiento

Josué Rodríguez

Copyright © 2013-2015 Josué Rodríguez

Copyright © 2013-2015 Editorial Imagen.
Córdoba, Argentina

Editorialimagen.com
All rights reserved.

Edición Corregida y Revisada, Julio 2015

Todos los derechos reservados. Ninguna parte de este libro puede ser reproducida por cualquier medio (incluido electrónico, mecánico u otro, como ser fotocopia, grabación o cualquier sistema de almacenamiento o reproducción de información) sin el permiso escrito del autor, a excepción de porciones breves citadas con fines de revisión.

CATEGORÍA: Autoayuda/Superación Personal

Impreso en los Estados Unidos de América

ISBN-13:
ISBN-10:

ÍNDICE

Introducción 1

1 Factores a tener en cuenta para mejorar la memoria 9

    Eres lo que comes 11
    Reduce el estrés 13
    La música y la memoria 15
    La memoria y el dormir bien 16
    Aprendizaje y emociones 17

2 Cómo Enfocar tu Atención 21

3 Herramientas básicas de la memoria 27

    Asociación 27
    Visualización e Imaginación 28
    Agrupación 31

4 Superando el olvido 35

5 La memoria y tus sentidos 45

    Impresiones de la vista 45
    Impresiones del oído 47
    Combo 2 en 1 50

6 Cómo recordar nombres y rostros 51

7 Cómo recordar números 57

    Sentidos 58
    Asociación 59
    Convirtiendo números en palabras 59

El código de foto	60
El sistema de memoria mayor	61
Lista de palabras de memoria	62
Recordando fechas	64
Recordando canales	65

8 Cómo recordar lugares 67

Recordando direcciones de lugares	69
Recordando direcciones de casas	70

9 Cómo recordar eventos 71

10 Otras herramientas para mejorar la memoria 73

Organización de la memoria	73
El método de la historia	75
Los hechos de la asociación	75
Los 7 principios de la memoria	78

Conclusión 81
Libro Gratis 83
Más libros de interés 87

Introducción

La memoria es como un músculo: cuanto más se usa, mejor se pone, pero cuanto más se descuida, se vuelve peor. Déjame hacerte unas cuantas preguntas:

- ¿Te resulta difícil reconocer a una persona que te han presentado anteriormente?

- ¿Te has olvidado de algunas líneas al pronunciar un importante discurso?

- ¿Tienes dificultades para aprobar los exámenes, ya que parece que no puedes recordar las lecciones que has estudiado?

Si has contestado que sí a cualquiera de las preguntas

anteriores, entonces tu memoria necesita un poco de ejercicio. Algunos podrían decir: "No recuerdo muy bien las cosas, pero bueno, supongo que es normal." Lo que esa persona quizá no sabe es que a menos que haya sido afectado por alguna lesión o enfermedad nadie nace con mala memoria. Sólo necesita pulirse para mejorar su eficiencia. Contrariamente a lo que piensa la mayoría de las personas, mejorar la memoria no requiere mucho tiempo ni esfuerzo, en realidad no tienes que ser un genio para aprender rápidamente, entender y recordar lo que has leído o aprendido.

¿Te imaginas lo que sería tu vida si poseyeras una memoria viva y eficaz? Podrías alcanzar los siguientes objetivos:

- Obtener calificaciones más altas a través del estudio de manera más eficiente.

- Desarrollar buenas relaciones, recordando los nombres de las personas, sus rostros e intereses.

- Mejorar tu carrera, recordando hechos y números sin esfuerzo.

- Nunca perderte cuando estás en la ruta.

- Impresionar a tus amigos con tus recuerdos y ser el alma de la fiesta.

Este libro te enseñará estrategias prácticas y creativas para refinar y mejorar tu memoria. Aprenderás técnicas eficaces sobre cómo mantener el cerebro en óptimas condiciones, la manera de superar el olvido y cómo conservar fácilmente los datos en tu mente para recuperarlos inmediatamente en cualquier momento.

Lo mejor de todo, muchos de los métodos son sencillos, prácticos y divertidos de aprender. Si de verdad deseas que tu mente pueda memorizar nombres, caras, números, eventos y cualquier otra información, entonces sigue leyendo.

En este sorprendente libro descubrirás cómo perfeccionar y optimizar la memoria para que puedas transformar tu cerebro en una herramienta de poder superior que absorba como una esponja todo lo que necesites saber.

Además de esto, al final encontrarás un link para descargar un libro complementario titulado "Cómo desarrollar su atención y su memoria." El autor, con más de cuarenta años de experiencia y más de 50 libros escritos, expone sobre las características del sistema nervioso central y sus relaciones con la memoria, la atención, la agilidad en la respuesta y el orden para el estudio.

Sin duda este libro te ayudará todavía más a mejorar tu memoria y concentración, logrando aumentar tus capacidades mentales y lograr que tu cerebro funcione a su máximo rendimiento.

Veamos a continuación algunos datos interesantes antes de entrar en tema. Una de las razones principales por las que escribí este libro es porque una buena memoria es un activo verdaderamente importante para cualquiera que la posea.

El recordar caras, nombres, hechos, información, fechas, eventos, circunstancias, y otras cosas relacionadas con tu diario vivir es la medida de tu capacidad para triunfar en esta sociedad rápida y dependiente de información. Con una buena memoria no debes temer el olvido y extravío de cosas importantes y puedes vencer las barreras mentales que te impiden tener éxito en tu carrera, en tu vida amorosa y también en tu vida personal.

Tu memoria está compuesta de complicadas conexiones neurales dentro de tu cerebro, las cuales se cree son capaces de almacenar millones de datos.

La capacidad tan organizada de tu mente para retener experiencias pasadas te da el potencial de aprender y crear diferentes ideas. Tus experiencias son los peldaños para alcanzar mayores logros, y al mismo tiempo, tus guías y protectores contra cualquier peligro. Si tu memoria te ayuda en lo que a esto concierne, te se estás salvando de la agonía de repetir los errores del pasado. Solo con recordar las lecciones cruciales y las circunstancias vividas evitarás los errores y fallas cometidos por otras personas.

A menos de que padezcas de alguna enfermedad o minusvalía, una mala memoria es atribuida generalmente a la falta de atención o concentración, capacidad insuficiente para escuchar correctamente y otros malos hábitos inherentes; sin embargo, esto se puede mejorar y desarrollar utilizando métodos adecuados.

Mucha gente cree que su memoria empeora con la edad. Esto es verdad solo para aquellos que no utilizan debidamente su memoria. La memoria es como un músculo: cuanto más se use, mejor. Cuanto menos se use, peor se pone. Por esta razón es que las personas mayores tienen más problemas que las personas jóvenes a la hora de recordar. Sin embargo, las personas mayores pueden vencer este dilema y hasta pueden mejorar su memoria continuando con su educación y perfeccionando sus mentes, manteniéndose abiertos a nuevas experiencias y mantener activa su imaginación. Hay que tener en cuenta un factor muy importante: cada persona tiene diferentes formas de aprender. La forma de aprendizaje de cada persona es muchas veces un factor determinante al escoger el tópico de estudio, los maestros con los que se relacionan y las carreras que se eligen.

La memorización y la retención de datos funcionan cuando cargamos a nuestro cerebro imágenes, sonidos, olores, sabores y sensaciones (tacto) de una forma muy organizada y significativa. Hay tres clases de memoria:

Memoria sensorial es cuando información temporal se graba brevemente. Las imágenes tales como las fotos de una revista y el diseño de la ropa de nuestro cliente se almacenan temporalmente en la memoria sensorial. Será reemplazada rápidamente por otra memoria sensorial a menos que hagas algo para retenerla.

La memoria a corto plazo se caracteriza por una retención de 20 a 30 segundos, involucra una cantidad limitada de información y es necesario un proceso tradicional de experiencias y recopilación común de datos (sensación y percepción diaria). Por ejemplo, cuando tu profesor te enseña muy buenas técnicas para resolver complicados problemas de matemáticas. La próxima vez que tomes un examen puede que recuerdes alguna de las fórmulas, pero es muy difícil que seas capaz de recordar y aplicar todos los métodos que te enseñaron.

La memoria de largo plazo involucra la consolidación y organización de conocimiento complejo e información para futuras referencias y otros procesos cognitivos (mentales) tales como la aplicación de aprendizaje de información en experiencias significativas. Como ejemplos podríamos nombrar tu cumpleaños, el nombre de tu padre y cómo luce tu casa.

La memoria de corto plazo y de largo plazo se refieren a cómo organizas continuamente los datos que están almacenados en tu cerebro. En resumen, antes que un basurero o un depósito desordenado, la memoria humana es como una gran biblioteca, complicada pero organizada a la vez.

Para que puedas desarrollar la capacidad de tu memoria para realizar diferentes tareas, sería bueno que consideraras puntos e ideas que mejoren tu memoria. Esto hará que tus prácticas de retención sean más eficientes y agudas.

1
Factores a tener en cuenta para mejorar la memoria

En este primer capítulo veremos brevemente algunos consejos fáciles y prácticos para mejorar la memoria, como así también varios elementos claves para tener en cuenta. Si alguien te ha leído una lista de palabras, es muy probable que no recuerdes todas las palabras de la lista. Serás capaz de recordar la mayoría de las palabras al principio, algunas en el medio y otras al final. Estos efectos se conocen como primacía (palabras al principio) y recencia (palabras al final).

La única forma en que una persona normal pueda

recordar efectivamente todas las palabras de la lista es si aplica la técnica mnemónica para que le ayude a recordar (veremos esta y otras técnicas más adelante). También te darás cuenta que es más fácil recordar una palabra que se repite varias veces en la lista, o si está relacionada de alguna manera con las otras palabras de la lista, o si ésta se destaca de las otras palabras (como por ejemplo, la palabra "diamante" se destacará de una lista de vegetales).

Para aprovechar tu primacía y recencia debes de encontrar un término medio. Si haces algo que te requiere pensar mucho y lo haces constantemente sin parar, te darás cuenta que el recuerdo entre la primacía y la recencia puede ser bastante considerable.

Por otro lado, si tomas muchos descansos, tu cerebro no alcanzará su primacía porque se le interrumpe constantemente. Más práctico es que en lugar de estudiar y trabajar por horas, trates de descansar luego de haber trabajado 30 o 50 minutos, sólo para que tu cerebro tenga tiempo para refrescarse y maximizar el tiempo de balance entre tu primacía y recencia.

Contrario a la creencia popular, el ser inteligente no es sinónimo de tener una buena memoria o una buena retención. No tienes que forzarte en estudiar y entender más para mejorar tu memoria; el verdadero secreto se encuentra en tu tipo de vida, tu actitud, tu dieta y tus hábitos diarios.

Eres lo que comes

Se dice muy a menudo que tu cerebro es el órgano más grande de tu cuerpo y que requiere un tipo de nutrición muy específica de tu dieta. No debería entonces sorprender que tus hábitos alimenticios afecten cómo se desenvuelve tu cerebro, ya que éste funciona bien con una buena cantidad de glucosa. Antes de que salgas de tu casa por la mañana, sería genial si le pudieras dar a tu cerebro el combustible que necesita tomando un saludable desayuno. Una ensalada cargada de antioxidantes, incluyendo beta caroteno y vitaminas C y E, también mantendrán tu cerebro en óptimas condiciones, ayudando a reducir los radicales libres (moléculas dañinas). Cuando envejeces, tu cerebro tiene menos capacidad de defenderse de las amenazas diarias como los radicales libres, inflamaciones y oxidación. Es por eso que los adultos necesitan más nutrición que los jóvenes.

Los radicales libres son como las caries para tus dientes, van creciendo lentamente si no se limpian. A medida que las células del cerebro empiezan a envejecer, dejan de comunicarse unas con otras. Como consecuencia, ralentiza procesos esenciales como el pensar, la recuperación de la memoria corta y el regenerar nuevas células. Por consiguiente, los antioxidantes son esenciales para mantener no solo una buena salud, sino también una buena memoria. Buenas fuentes de antioxidantes son:

- La vitamina A y el beta caroteno: zanahorias, espinacas, melón, calabaza de invierno, etc.

- La vitamina C: frutas cítricas, brócoli, fresas, tomates, etc.

- La vitamina E: nueces, semillas, aceite vegetal, germen de trigo, etc.

Numerosos estudios han demostrado que las comidas grasas que causan la arterioesclerosis (obstrucción de las arterias) son también el mismo tipo de comida que desestabiliza las actividades neurales. Para evitar esto puedes reducir las grasas y reemplazarlas con comidas ricas en antioxidantes. Nada sustituye a una comida balanceada, pero para estar seguro de que a tu cuerpo no le falta nada de sus necesidades nutricionales sería una buena idea tomar suplementos alimenticios. Recuerda que tal y como lo dice su nombre son suplementos, no reemplazos.

Estudios científicos también indican que comer pescado puede agudizar tu memoria. La mayoría de los pescados contienen DHA, un ácido graso poli-insaturado que tiene un papel significativo en el desarrollo del cerebro de niños pequeños. Estudios comprueban que niños que consumen alimentos adecuados que contienen DHA tienen mejores resultados en las pruebas de coeficiente intelectual que aquellos que consumen menores cantidades de DHA. El pescado también contiene ácidos grasos Omega 3, los cuales abren nuevos centros de comunicación entre las neuronas del cerebro. Esto permite que tu mente opere al máximo.

Otro descubrimiento significativo sugiere que el fumar puede afectar la habilidad del cerebro de procesar información correctamente. Fumadores empedernidos corren mayor riesgo de perjudicar su memoria visual y verbal. Así que la próxima vez que pienses en fumar, recuerda que no sólo es dañino para tu salud, sino que también estás sacrificando las funciones de tu memoria.

Así también la cafeína y el alcohol causan ansiedad y nerviosismo. Esto puede causar que la información no llegue correctamente a tu mente porque la memoria trabaja mejor cuando estás relajado y atento.

Reduce el estrés

Estudios médicos han demostrado que las personas que siempre están ansiosas producen "hormonas de estrés" como el cortisol, que daña las células del cerebro. Haz un hábito el hacer alguna actividad que te relaje todos los días. Prueba con meditación, yoga, tomar té, tomar un largo baño… lo que sea que te funcione. Un método muy efectivo para reducir el estrés es respirar profundamente y visualizar el resultado que se espera de cualquier situación a salir bien. No te olvides de descansar bien.

Por lo general una mala memoria es resultado de una baja autoestima. Así que es muy cierto decir que todo comienza y termina en la mente. Esto quiere decir que si tienes una mente sana, créeme que puedes alcanzar todo lo que deseas. Impulsa tu autoestima y ten confianza en tus habilidades. Tu actitud debe de ser un apoyo para tus metas.

Ejercicios cardiovasculares tales como caminar mejoran tu circulación y esto es bueno tanto para tu corazón como para tu cerebro. Estudios médicos también indican que el caminar ayuda a liberar hormonas que a su vez ayudan a regenerar las células del cerebro. Si te aburre solo caminar, involúcrate en deportes que te gusten. Juega básquetbol, fútbol, tenis, o cualquier otro deporte que te emocione. Ejercitándote puedes lograr bajar los riesgos de desarrollar presión alta, lo que contribuye a una pérdida de memoria conforme vas envejeciendo. Así que levántate y muévete. No sólo estas ganando un cuerpo sano y ágil, sino que estas agudizando tu memoria y mejorando tu creatividad. Todo esto sin mencionar la diversión y la camaradería que obtendrás con tus compañeros de deporte y competidores.

Como cualquier otro músculo, también necesitas ejercitar tu cerebro para que no se deteriore.

Involúcrate en juegos que te ayuden a pensar. Habla con la gente, lee libros informativos, escucha grabaciones educacionales y haz un hábito de aprender y experimentar con cosas nuevas. Recuerda que cuando tus neuronas se mueren, ya no reviven. Así que sería mucho mejor que las uses, pues de lo contrario las perderás.

Si sientes que tu memoria ya no es lo que solía ser, ve a ver a un doctor. A veces la pérdida de memoria puede ser un síntoma de una enfermedad seria y que puede pasar desapercibida por años si lo único que sientes es ese síntoma.

La música y la memoria

Durante un experimento conducido por Elizabeth Valentine, una sicóloga de la Universidad de Londres y coautora de un nuevo estudio sobre la música y la memoria, se descubrió que las personas mayores sufriendo de demencia tienen mejor razonamiento de sus antecedentes e historia personal cuando ha habido música en el área clínica que cuando no la ha habido.

Cada vez más la música acompaña las terapias médicas tradicionales para ayudar a las personas a curarse más rápidamente. Expertos dicen que la música tiene el poder de calmar y energizar el espíritu.

Investigadores ingleses llevaron a cabo una prueba en

23 personas, las cuales tenían entre 68 a 90 años de edad, y quienes sufrían de una demencia leve. La prueba fue hecha con diferentes sonidos escuchándose en segundo plano.

Mientras que los investigadores formulaban las preguntas, se podía escuchar de fondo una melodía familiar (El Invierno de las Cuatro Estaciones de Vivaldi), música nueva (Hook de Fitkin), o ruido de cafetería pre grabado. También formularon las mismas preguntas sin ningún sonido de fondo. Cada persona fue examinada por cuatro semanas y en las cuatro situaciones.

Los participantes respondieron más preguntas correctamente con sonido de fondo que cuando hubo silencio, y tuvieron mejor puntuación cuando estaba tocando sonando la música. Los investigadores llegaron a la conclusión de que "tanto si la música era familiar como si no lo era, no pareció importar en absoluto. La música muy probablemente despertó a los participantes y los ayudó a mantenerse alerta."

La memoria y el dormir bien

Investigaciones indican que puedes recordar mejor la información que lees si te vas a dormir inmediatamente después de haberlo aprendido. Pero hay dos límites:

1. El material que pretendes recordar debe de ser fácil

de entender o debes de tener una buena cantidad de conocimiento del tópico que se está estudiando.

2. No debes de estar muy cansado o extenuado cuando leas el material. La próxima vez que necesites aprender algo intenta este método y fíjate si te funciona.

Aprendizaje y emociones

Tal como ya lo vimos, las emociones y los sentimientos juegan un papel muy importante en el proceso de aprendizaje en cuanto a la retención de la memoria. Se ha dicho que la música afecta el aprendizaje y la memoria en pacientes sicológicamente especiales. Por otro lado, factores internos tales como sentimientos y emociones deben de ser considerados cuando se recuperan datos o se decodifica información almacenada en tu cerebro.

Hoy en día existen enfoques holísticos muy populares para lograr bienestar y salud mental, tales como la creación de un buen estado de ánimo para producir un buen carácter, perspectivas positivas o hasta el relajamiento total. El balance entre la mente y el cuerpo, y la condición dentro de tu cerebro como resultado, puede afectar tu obtención de conocimiento e información. Es por esto que es muy importante tener un buen estado de ánimo para percibir, recibir y recuperar información emocional y mental.

He aquí algunos consejos valiosos o técnicas para condicionar estados de ánimo que definitivamente te ayudarán a aumentar tus capacidades mentales.

1. Cierra tu ojos y repite un cántico que te ayude a recordar una imagen, un escenario o una experiencia muy relevante. También puedes hacer esto repitiendo una afirmación positiva como: "Puedo hacerlo, tengo la fuerza que surge de mi interior, etc." Recordando estas palabras también puedes aumentar tu confianza durante exámenes, en períodos de aprendizaje o hasta en situaciones de dificultades diarias. Al decir cosas positivas relacionadas con tu vida, estás aumentado las oportunidades de asociar tu experiencia con sentimientos placenteros, y esto te ayudará a recordar más cosas buenas que aquellas malas que pueden hacerte sentir mal.

2. Imagina el rostro de alguien que de alguna forma te ha hecho sentir mal en el pasado (por ejemplo, un miembro de tu familia, un profesor, un amigo, o un ex amante). Después de obtener la imagen de su rostro, di, "¡no importa lo que me digas o me hagas, todavía soy una persona valiosa!" Esto te hará sentir mejor y te pondrá en una conciencia positiva cuando trates a personas o extraños. Imágenes mentales también te pueden aliviar del estrés obtenido por experiencias malas o traumáticas.

3. Hay formas físicas para mejorar tu humor o el lugar

donde se lleva a cabo el aprendizaje. Velas aromáticas, objetos aromáticos o la creación de la ilusión de relajamiento (con el uso de verdes o colores suaves tales como pasteles y tonos de tierra, o cortinas difusas) son algunas maneras prácticas para ayudar a relajarte mientras aprendes o adquieres conocimientos e información. En un medio ambiente incontrolado que requiere relajación espontánea, será mejor crear imágenes mentales (imagínate el azul calmo del mar, o la imagen tan refrescante de un campo verde) mientras emprendes tareas o acciones de aprendizaje.

2
Cómo Enfocar tu Atención

Antes de que intentes recordar o memorizar algo, ese algo debe de estar claramente impreso en los registros de tu subconsciente. Y el factor más importante para grabar impresiones es la calidad de la mente, la cual llamamos "atención", que tiene la habilidad de enfocar y darle significado a un dato particular o a determinado estímulo.

Nuestra capacidad para procesar información es algo limitada, por lo tanto, debemos seleccionar constantemente los datos que son relevantes y aquellos que no lo son. Los estímulos y sensaciones que percibes y organizas en pensamientos significativos son analizados selectivamente por tu cerebro. Si los estímulos o datos son relevantes o aplicables para una utilización futura o acceso posterior, tu cerebro transfiere esta información a un centro de depósito permanente. Sin embargo, para que esto suceda, la atención juega un papel fundamental.

Una de las causas más comunes de una mala atención es la falta de interés. Estamos más inclinados a recordar las cosas que más nos interesan, ya que cuando mostramos interés en algo, exhibimos un grado de atención mayor. Una persona puede tener mala memoria para muchas cosas, pero cuando se trata de cosas donde está involucrado algo que le interesa, recordará hasta el más complejo detalle. Esto se llama atención involuntaria. Este tipo de atención no requiere de un esfuerzo o ejercicio especial porque es causada por el interés, la curiosidad o el deseo.

El otro tipo de atención se llama atención voluntaria. Esta forma de atención se da a objetos no necesariamente interesantes, curiosos o atractivos. Esto requiere esfuerzo y la utilización del deseo.

Cada persona tiene una atención involuntaria moderada, mientras que sólo algunas poseen atención voluntaria desarrollada. La primera se inicia por el instinto, mientras que la segunda se da a base de práctica y entrenamiento.

Para que se logre la atención debes de practicar

diligentemente el arte de la atención voluntaria. Aquí algunas estrategias que te pueden ayudar para adquirir esta destreza tan esencial:

1. Vuelca tu atención hacia algo poco interesante y estudia cada detalle hasta que seas capaz de describirlo. Esto parecerá aburrido o cansador al principio, pero puedes lograrlo. No practiques esto por mucho tiempo al comienzo, más bien descansa e intenta más tarde. Pronto notarás que se te hace más fácil y que un nuevo interés se empieza a manifestar por sí mismo en la tarea. Por ejemplo, escoge una flor. Tócala. Huélela. Siente su textura. ¿Cuántos pétalos tiene? ¿Qué color y qué forma tienen los pétalos? Al hacer esta sencilla tarea te sorprenderás de la cantidad de pequeñas cosas que vas a notar. Este método, al practicarse en muchas cosas durante el tiempo libre, desarrollará el poder de la atención voluntaria y la percepción en cualquier persona, no importa qué tan deficiente sea para estas cosas. Empieza a ponerle atención a las cosas a tu alrededor: los lugares que visitas, las personas, etc. De esta forma te harás el hábito de "darte cuenta de las cosas", lo cual es el primer requisito del desarrollo de la memoria.

2. Elimina las distracciones. Aunque hayas escuchado sobre hacer múltiples tareas al mismo tiempo, es muy difícil que las personas hagan más de una cosa a la vez prestando el mismo grado de atención a todas ellas. Por ejemplo, tú eres un estudiante de leyes estudiando para

la licencia. No serás capaz de absorber debidamente en tu mente lo que estás estudiando si la radio está sonando música de rock a todo volumen o si estás oyendo a tu hermano menor jugando un video juego de guerra casi al lado tuyo. Evita a toda costa las distracciones tales como la televisión, la radio u otras personas conversando.

3. Mantén siempre tu enfoque y concentración en el proceso de aprendizaje o memorización. Digamos que estás en tu oficina, muy ocupado preparando una importante presentación que te toca dar mañana a los supervisores y gerentes de la empresa. Golpean la puerta y tu asistente anuncia que el nuevo empleado ya está aquí, esperándote. Te tomas unos minutos para saludarle, conocerle un poco mejor, y platicar con él para darle algunas instrucciones. Como te presentaron a un nuevo empleado mientras estabas trabajando, en este caso tendrás menos oportunidad de recordar cualquier característica de este nuevo empleado, porque estás concentrado en otra cosa que para ti es mucho más urgente e importante. Si quieres recordar bien alguna cosa debes cambiar tu enfoque hacia la misma y tener la voluntad de comprometerla a tu memoria.

4. Haz un seguimiento de tus pensamientos. Siempre que estés consciente de estar perdiendo tus pensamientos, grita en tu mente "¡ALTO!" Esto hará que paren todas las divagaciones y dirigirá tu atención a lo que necesitas hacer. Recuerda que una buena

concentración crea una buena memoria. Si encuentras que tus pensamientos están viajando, entonces debes de estar consciente que tu atención está divagando.

5. Mantente interesado. Para tener buenas destrezas de memorización, también te debe gustar lo que haces. Para memorizar vívidamente una imagen, una representación visual o hasta un texto tienes que comprometerte a eso. Debes poner tu corazón en cada actividad en la que estás trabajando o desarrollando. Si no te gusta comprometerte en cierta actividad, pues entonces existirá una escasa posibilidad de que puedas recordar todos los aspectos relacionados con ella. Digamos que tus padres quieren que seas un ingeniero, pero tú sueñas con ser músico. Si luego te pones a estudiar ingeniería solo porque tus padres te obligaron a hacerlo, no tendrás la dedicación ni el deseo de retener información proveniente de tus libros de ingeniería. No te obligues a hacer algo a lo que no le tienes interés. Como dijo Leonardo Da Vinci: "Así como comer algo en contra de nuestro deseo es malo para la salud, así también es estudiar algo que no nos guste, ya que daña la memoria y no retiene nada de lo que ve."

6. Motívate. Digamos que quieres ser doctor. ¿Te estás familiarizando y memorizando términos ambiguos de medicina y biología? Por un lado quizás quieras ser uno de los mejores de tu clase. O quizás quieres ser popular en tu escuela. O quizás quieras ser un buen doctor para

que algún día puedas ayudar en tu comunidad. Las metas y los límites de tiempo alimentan la motivación. Y la motivación promueve una buena memoria. Para motivarte aún más puedes premiarte por cualquier tarea que hayas alcanzado. Establece un incentivo particular por cada objetivo. Por ejemplo, date el gusto de ir a tu restaurante favorito después de terminar un proyecto. Cuando alcances una tarea mayor vete de vacaciones. Sólo establece algo gratificante para complacerte luego de completar alguna meta. Recuerda: el hombre por naturaleza es ambicioso. Conseguirá lo que sea que aspire. En este mundo motivado por consumismo y tecnología uno debe de tener una meta o algo en juego para alimentar su simbólico ego. Al premiarte por cada triunfo que consigas aspirarás a más y desarrollarás un interés en tu actividad. En el proceso, tu interés te hará más productivo y exitoso.

7. Dale a tu subconsciente una orden mental para tener en mente lo que quieres recordar. Puedes decir "¡toma nota de esto y recuérdalo por mí!" Te sorprenderá todo lo que el subconsciente puede hacer por ti. Antes de que puedas memorizar o recordar cualquier cosa, deberías de ser capaz de percibir bien a través de una debida atención. Utiliza los métodos arriba mencionados y estarás bien encaminado a obtener una buena memoria.

3
Herramientas básicas de la memoria

Lo dije antes y lo vuelvo a repetir ahora: nadie nace con una mala memoria. A menos que causas tales como tu estilo de vida, salud u otras condiciones te hayan afectado, puedes desarrollar tu memoria con debidos conocimientos y prácticas sencillas. En este capítulo voy a hablar de los conceptos básicos de la memoria.

Asociación

Si quieres recordar algo eficientemente es necesario que deba estar conectado o asociado con una o más cosas que ya sepas. A mayor cantidad de otras cosas con las que está asociada, mejores serán las oportunidades de que lo recuerdes.

Dos técnicas populares de asociación son acrónimos y acrósticos.

Un acrónimo es una combinación inventada de las primeras letras de las palabras que se deban recordar. Por ejemplo: un acrónimo comúnmente utilizado es INTERPOL: Policía Internacional, INTERNET: Red Internacional, MERCOSUR: Mercado Común del Sur. A veces el acrónimo suele ser más popular que el mismo nombre completo, como por ejemplo RADAR (Detección y localización por radio) o LASER (Luz Amplificada por la Emisión Amplificada de Radiaciones).

Por otro lado, el acróstico es una oración inventada donde la primera letra de cada palabra es la clave de lo que quieres recordar. Por ejemplo: NACIÓN.

Nadie merece sufrir
Además es algo que duele
Cada vez que pienses que ya no puedes más
Intenta sonreír
O simplemente sé feliz
Nadie sabrá que lloraste una vez más.

Visualización e Imaginación

Las imágenes son representaciones sensoriales que

también se utilizan en la creación de la memoria. Pueden traer palabras a la mente que a su vez pueden generar otras imágenes o cuadros ilustrativos. La formación de imágenes parece que ayuda a aprender y a recordar lo que se ha aprendido o experimentado en el pasado.

Imágenes y palabras te pueden ayudar a recordar cosas poniendo cuadros en tu cabeza en lugar de sólo palabras y figuras. Digamos que al aprender el proceso de mitosis de la célula o división de las células la mayoría de los libros que contienen conceptos científicos tienen fotos para describir escenarios que a veces son difíciles de ver a simple vista. Otro ejemplo sería la estructura de una bacteria o virus. Por consiguiente, elementos gráficos y herramientas visuales se pueden convertir en guías en el aprendizaje conceptual o en ideas científicas precisas.

Otro ejemplo sería memorizar las letras de una canción o recordar historias que tal vez hayas leído en el pasado. En estos dos ejemplos el proceso de memorización se hace más fácil si te imaginas las imágenes evocadas por las letras de la canción o si creas imágenes vívidas en tu mente cuando lees o recuerdas una narrativa o algún cuento en particular. Haz un cuadro del escenario descrito en las oraciones o párrafos que intentas memorizar.

Para intensificar más tu imaginación tienes que apreciar

verdaderamente lo que el personaje está sintiendo. Si estás leyendo una historia acerca de un caballero andante que lucha contra un dragón, entonces siente su fuerza, el poder de su espada, el calor del fuego de la boca del dragón y hasta el beso de la princesa después que la salvó del monstruo.

Las imágenes y la formación de aquellas, en el proceso de aprendizaje, pueden ayudarte a mejorar tu memoria. He aquí algunos métodos valiosos que puedes utilizar para lograr una memoria imaginativa:

1. Aprende a pensar con palabras y figuras. Por ejemplo, cuando leas un libro, te puede ayudar el detenerte un momento y reconstruir el escenario sugerido dentro de tu cabeza. De esta manera estás incrementando las oportunidades, no sólo de grabar datos lingüísticos, sino también algunos aspectos cognitivos para recordar, como la reconstrucción o percepción de sensaciones imaginadas en tu cerebro. El olfato y el gusto del helado, el color rojo de una frutilla o la consistencia espesa o fina de la sangre descrita en una novela de misterio que no sólo te dan escalofrío o emoción, sino que también hacen de tu lectura una experiencia más memorable.

2. Cuando aprendas nuevas ideas, asocia estos conceptos a una imagen o cuadro particular que es muy personal y relevante para ti. Dale importancia a lo que ya sabes o lo que es fácilmente evocado por tu cerebro

cuando experimentas estas palabras (como cuando estés aprendiendo un nuevo idioma o tema). Ponle una relación personal a estas palabras como el saber el origen de sus significados (etimología) o dándoles un símbolo concreto en tu cabeza.

3. Si estás leyendo un manual muy técnico o un panfleto con teoría, lo que puedes hacer es imaginarte a ti mismo haciendo el escenario sugerido por el libro. Esto también se llama lectura vívida. Palabras y oraciones cobran vida, no con sus conexiones significativas, sino con sus valores correlativos a la realidad. Es más, el escribir prosa o poesía involucra una destreza imaginaria altamente desarrollada y de mapas mentales. Se dice que los poetas y escritores creativos no sólo son buenos recordando detalles o hechos, sino también en la creación de mundos y situaciones imaginadas en la mente.

Agrupación

La agrupación de detalles y datos cuando se recuerdan nombres o números es muy esencial en el proceso de la retención. El poder de asociación sugerido por grupos o artículos agrupados nos ayuda a organizar aún más o dar una dirección a la memorización. Emparejando palabras, como por ejemplo, ya sea sinónimamente o por su significado opuesto, como "hecho" y "derecho" u "hombre" y "mujer" nos ayuda a recordar más fácilmente datos porque no sólo son significativamente singulares, sino que a su vez se relacionan unas con otras o son datos ya conocidos.

El agrupar números (memorizar números de teléfono de tres en tres o de a cuatro) o cualquier forma de agrupar que sea relevante es la tendencia que lleva a un fácil acceso de estos números. Este método también sirve para agrupar palabras. Agrupar es una forma con la cual podemos mejorar nuestra memoria. Ejemplos de esta técnica incluyen:

1. Agrupar por números, colores o hasta dentro de la misma categoría.

2. Agrupar palabras y conceptos por sus significados opuestos o a través de antónimos: (amargo vs. dulce, amor vs. Odio, etc.)

3. Agrupar palabras en imágenes a través de una organización subjetiva.

La agrupación subjetiva depende de la forma en que podemos recordar u organizar nuestros materiales por nuestras propias categorías o dispositivos. Por ejemplo, aprender una lista de palabras nuevas o vocabulario puede ser desarrollado a través de interpretaciones subjetivas de estas palabras o grupos de palabras. Cuando mejor organizamos o estamos más atentos en cómo construir un sistema de información, mejor será la realización de tarea cognitivas y mentales tales como la memorización o aplicación a nuestra memoria.

Un ejemplo de esto es cocinar. Podemos seguir una receta o procedimiento dictado por la receta. Pero la forma en que cocinamos la comida o le damos significado al proceso de cocinar difiere uno del otro. Así también el procedimiento es similar a fin de obtener información y conocimiento. Será mejor si tú:

1. Piensas en el proceso de cómo resuelves tus problemas o en cómo obtienes la información necesaria.

2. Conoces tu capacidad en el proceso de aprendizaje o memorización. ¿Eres el tipo de persona que obtiene información fácilmente al agruparla en categorías significativas? o ¿eres el tipo de persona que aprende mejor si sigue la dirección o una imagen dentro de su cabeza?

3. Analiza la situación, los detalles o las experiencias. Trata de recordar los hechos relevantes y extrae los datos concretos y la información innecesaria.

4

Superando el olvido

Friedrich Nietzsche dijo alguna vez: "La existencia del olvido nunca se ha probado: sólo sabemos que algunas cosas no vienen a la mente cuando queremos que vengan."

Hoy en día ser olvidadizo causa a las personas mucha ansiedad, especialmente con la mayor toma de conciencia de enfermedades relacionadas con la memoria, como el Alzheimer. Por otro lado, nuevos estudios demuestran que la mente humana no es traumatizada por una lesión grave o enfermedad, así que nunca olvida. Los expertos dicen que el olvidar no es equivalente a perder información, sino que es debido a que tal vez hubo un desliz en la forma en que esa información se almacenó o en la manera en que se está consiguiendo.

Pero si el problema está en la recolección u obtención de la información, entonces ¿por qué la mayoría de nosotros tiende a olvidar, sin importar que tan duro sea el entrenamiento que le demos a nuestros cerebros? Se nos olvida donde dejamos nuestras llaves, ese artículo tan necesario de la lista de compras o peor aún, aquellas respuestas tan importantes de un examen que significan la diferencia de sacar una buena nota y una mala.

Una variedad de factores contribuyen a la forma en que nuestros cerebros almacenan y proveen información. A pesar de que las escuelas del pensamiento y la psicología todavía debaten sobre cómo trabaja la mente humana, están de acuerdo en algo, y es que la memoria es afectada por nuestras experiencias en general, por nuestros genes, por la clase de infancia que tuvimos y hasta por lo que comimos en el desayuno de esta mañana.

Algunos científicos comparan la mente con una cámara de video por su habilidad y naturaleza de registrar todo lo que experimenta una persona. Así, el buscar un evento particular en tu pasado es similar a la búsqueda de una escena en una secuencia de video: la persona puede seleccionar una escena, verla en cámara lenta o rápida, hasta hacer una pausa o agrandar algún detalle en particular. Es desde este punto de vista que las técnicas de obtención de información usadas en la hipnosis, suero de la verdad, meditación, terapia y otras formas similares encuentran su base.

Por otro lado, a pesar de los ojos "video gráficos" de la mente, se ha descubierto que la misma no tiene archivos de características perfectas, al igual que una cinta de video que también puede llenarse de moho, perder la nitidez y hacerse vieja con el tiempo. El cerebro se parece mucho a un chip de computadora, aunque puede contener una gran cantidad de información, su capacidad de almacenar datos tiene grandes limitaciones. Para hacer lugar a "nuevos datos", la mente reconstruye la información almacenada cada cierto tiempo. Así mismo, puede que haya eventos que no se recuerden perfectamente. Con el paso del tiempo puede que se pierdan ciertos elementos, los detalles se harán borrosos y gradualmente irán desapareciendo. Elementos "desencadenadores" tales como una canción, una fotografía o hasta un tipo de olor puede que traigan una memoria ya olvidada. Y aún así algunos fragmentos de nuestro pasado pueden perderse para siempre.

El olvido es lo que denominamos como una pérdida temporal de detalles, registro de estímulos o materiales de la memoria que se han aprendido o almacenado en nuestros cerebros. Algo olvidado puede estar almacenado en la memoria pero no disponible para ser obtenido o recordado. He aquí ciertas teorías o explicaciones relacionadas con el olvido:

1. Desintegración de las huellas de la memoria – esta es la explicación más antigua relacionada con el olvido. Se dice que la memoria tiene una tendencia natural a desgastarse con el tiempo. Cuando una palabra o el nombre de una persona ya no es relevante, este elemento de la memoria puede eventualmente perder su espacio dentro del cerebro.

2. Distorsión de la memoria – algunas experiencias pueden ser aprendidas u obtenidas de una forma distorsionada. Tal inexactitud puede llevar a una falsa memoria o aún hasta puede impedir el proceso de obtención de datos nuevos, ya que se está accediendo a huellas o direcciones que son erróneas en el cerebro.

3. Interferencia – esta experiencia puede ser el resultado de situaciones intermedias o variables incontrolables durante la experiencia de aprendizaje o memorización. Esto también incluye lo que ocurre antes, durante o después de aprender. Las actividades hechas antes de hacer una tarea pueden confundir el proceso de retención o lo que llaman los psicólogos una inhibición proactiva. Cuanto más hagamos antes de la tarea aprendida, mayores son las posibilidades de olvidarnos de la nueva tarea u operación. Sin embargo, cuanto más sentido tenga el material o tarea para aprender y retener, menor será el efecto de la inhibición proactiva. Por otro lado ocurre un efecto opuesto

durante la inhibición retroactiva en donde hay actividades que interfieren después de un período de aprendizaje. En general, las personas que tienen que aprender una segunda tarea se olvidan más de la primera que aquellos a quienes sólo se les da una tarea para hacer. Por eso es que es aconsejable dominar una tarea o destreza específica antes de pasar a otra actividad, porque el retener gran cantidad de información requiere de complejas interacciones de tu memoria y tu destreza psicomotora. Esto se comprueba durante el periodo en que se está aprendiendo a manejar, ya que son necesarias destrezas motoras y diferentes movimientos que seguramente al principio parecen confusos, ya que requieren de sincronización. Sin embargo, cuando empezamos lentamente a aprender a colocar tareas corporales individuales como una acción cohesiva y unificada, empezamos a pensar de una manera muy precisa y organizada. Esto significa que ya hemos aprendido o memorizado diferentes tareas y las hemos puesto en orden. Entonces, para poder recordar más, debemos dominar una tarea o destreza particular antes de involucrarnos en otras tareas que requieren una especialización específica.

4. Olvido motivado – esta variable del olvido involucra los motivos o deseos del individuo de recordar u olvidar. Las personas tienden a reprimir algunas memorias o suprimir el proceso de retención u obtención de la memoria. Se recuerdan más los eventos

placenteros que los no placenteros. La emoción también juega un papel importante en esta explicación relacionada con el olvido. Algunas personas prefieren olvidar experiencias que son tristes o traumáticas, lo cual es algo muy sabio de hacer. Si te pasas poco tiempo recolectando tus fracasos y desilusiones en la vida, tendrás una mayor capacidad de retener la información positiva y esencial de tu mente. Debido a que los pensamientos negativos empeoran el estrés, tienes que aprender a relajarte y olvidarte de tus errores del pasado. Ya el pasado se fue y quedó atrás, no lo puedes cambiar. Mantente enfocado y retiene solo pensamientos positivos.

5. Falta de señales y guías – somos capaces de obtener material o recordar cosas según las señales incorporadas que nos permiten traerlos a la memoria. Cuando recordamos algo es que hemos buscado en nuestra memoria con la ayuda de señales y guías que nos enseñan el camino hacia esos materiales o recuerdos deseados. Cuando olvidamos es porque quizás no tengamos suficientes signos ni tampoco guías para recuperar la memoria guardada en la gran conexión neural de nuestro cerebro.

He aquí algunas técnicas efectivas para sobrellevar el olvido o la distracción:

1. Escribe una lista detallada de "cosas para hacer". Agrupa o arregla tus tareas en categorías (y sub

categorías si es necesario). Tacha las actividades que ya hayas realizado y agrega nuevas gradualmente. Si es posible pega notas en objetos que te sean familiares (televisión, refrigerador, puerta de entrada, etc.)

2. Utiliza tu imaginación y humor. Digamos que tienes una cita este viernes con un cliente potencial, el Sr. Anderson. Si amas ver televisión todas las noches imagínate al Sr. Anderson actuando como un payaso en la televisión. Puedes hasta verlo salir de la televisión diciendo: "¡nos vemos el viernes!" Para poder acordarte mejor del viernes imagínate al Sr. Anderson en tu pantalla de televisión vestido como chef y preparando comidas deliciosas. Inventa imágenes graciosas que pueden ayudarte a recordar tu agenda. Cuanto más graciosas y exageradas sean, mucho mejor.

3. Asocia una tarea con una actividad rutinaria o con algo que haces regularmente. Digamos que siempre se te olvida llevar tu celular cada vez que vas al trabajo. Asegúrate antes de que te cepilles los dientes o te duches, de colocar tu teléfono celular dentro de tu bolso. Simplemente haz de la tarea que siempre se te olvida una parte de tu rutina diaria.

4. Haz una insinuación visual. Digamos que has invitado a tu jefe a comer a tu casa el martes por la noche y debes comprar algo de papas para la cena que vas a cocinar. Con tu agenda tan ocupada se te puede olvidar fácilmente comprarlas. Para ayudarte a recordar

puedes colocar una bolsa de papas fritas o una papa de juguete encima de tu televisión o en el medio de la mesa de tu comedor para que te recuerde la tarea que se necesita hacer. El ver ese objeto en un ambiente insólito te hará recordar lo que no tenías que olvidar.

5. Enfoca y di en voz alta tu tarea. ¿Has experimentado alguna vez, en una conversación rutinaria, dirigirte a tu amigo y que de repente se te olvide lo que querías preguntar? Si te ha sucedió, no entres en pánico. Mucha gente ha estado en tu situación y no estás solo. Con la vida actual tan ajetreada, aún aquellos que tienen una buena memoria se pueden olvidar lo que están pensando en cuestión de segundos. La solución aquí es enfocarse en una sola tarea a la vez y decir en voz alta repetidamente lo que vas a hacer, por ejemplo: "Le voy a preguntar a Juan acerca de las reglas del concurso y me voy a animar a participar." Y si todavía se te olvida lo que vas a hacer, trata de regresar al lugar original donde dijiste la tarea en voz alta. Muy a menudo ese lugar específico te ayudará a recordar tu tarea al asociar el lugar con lo que vas a decir.

6. No postergues. Si tienes cierta actividad que necesitas que se haga sí o sí, hazla lo más pronto posible. Cuando tienes que pagar tus cuentas hazlo ahora antes de se venza el plazo y te empiecen a cobrar intereses. Si de verdad no puedes hacerte cargo en el momento, entonces usa tu imaginación, recordatorios visuales u otras herramientas que te ayuden a

recordarlo.

7. Consigue compañía. Algunas personas que viven solas pueden volverse distraídas y pueden sufrir de pérdida de memoria. Esto es porque no tienen con quien hablar, así que su capacidad mental está limitada y no está siendo bien utilizada. Al tener una compañía inteligente con quien discutir diferentes tópicos y con quien compartir tu vida, tus conocimientos y experiencias pueden agudizar tu memoria. Esa compañía puede ser tu copia de seguridad. Sólo pídele que recuerde algo y así tienes a otra memoria trabajando para ti. Sólo se amable con tu amigo.

5
La memoria y tus sentidos

¿Sabías que las impresiones recibidas de tus cinco sentidos, vista, oído, gusto, tacto y olfato tienen un papel relevante en la retención de información en tu mente? Esto se llama Impresiones de la Memoria del Sentido. Sin embargo, cuando llegas a un análisis sistemático, te darás cuenta que la mayoría de las impresiones son aquellas adquiridas a través de dos sentidos: la vista y el oído.

Impresiones de la vista

Estamos constantemente ejercitando nuestro sentido de la vista y recibiendo cada hora miles de diferentes impresiones que se cruzan delante de nuestros ojos, pero la mayoría de estas impresiones son insignificantemente grabadas en la memoria, porque les prestamos muy poca atención o porque no nos causan mucho interés.

Antes de que la memoria pueda almacenar impresiones de la vista, y antes de que la mente pueda recolectar o recordar tales impresiones, el ojo debe de ser utilizado bajo la dirección de la atención. Pensamos que vemos cosas cuando las miramos, pero en realidad solo vemos pocos aspectos, en el sentido de que no registramos impresiones claras y únicas dentro de la profundidad de nuestra mente subconsciente. Las vemos como a un todo en lugar de verlas en detalle.

Por ejemplo, imaginemos a un hombre que acaba de ser atacado por un ladrón. El hombre pudo ver de cerca el rostro del robador. Cuando la víctima va a la estación de policía más cercana a reportar el desafortunado incidente, el oficial de policía le pide que describa al criminal en detalle. Sin embargo, aunque la victima vio de cerca el rostro del hombre, fue incapaz de darle a la policía una descripción correcta. Fue incapaz de percibir bien porque estaba en tal estado de nerviosismo y conmoción mientras era asaltado, que le fue casi imposible describir a su asaltante.

Este es un caso de "mirar sin ver." La forma de entrenar a la mente para recibir impresiones claras, y por consiguiente, retenerlas en la memoria, es simplemente concentrarse en el deseo y la atención sobre los objetos de la vista procurando verlos sencilla y distintivamente, y luego practicar recordando los detalles del objeto un tiempo después.

La voluntad y la atención no serán efectivas si no se combinan con interés. Tienes que tener el deseo o la pasión de realmente lograr la tarea que tienes a mano. Cambia tu enfoque mental por el de la voluntad y la atención unida al interés de recordar las cosas que pasan frente a tus ojos, y entonces podrás empezar a ver con tu mente en lugar de sólo mirar con tus ojos. Deja que la impresión vaya más allá de tu retina para que logre entrar a tu mente. Si haces esto encontrarás que tu voluntad hará "su tarea."

Impresiones del oído

Muchos sonidos llegan al oído, pero no son retenidos por la mente. Podemos transitar por una calle muy ruidosa y las ondas de varios sonidos alcanzarán los nervios del oído, pero aún así la mente sólo acepta ciertas resonancias, particularmente cuando la novedad de los sonidos ya ha pasado. Otra vez, en este caso, es una cuestión de atención.

Para adquirir la capacidad de oír correctamente y corregir la memoria de las cosas que escuchamos, la facultad mental del oído debe ser ejercitada, entrenada y desarrollada. Es un hecho que la mente oirá los sonidos más leves de cosas en donde está centrada el interés y la atención, mientras que al mismo tiempo ignorará cosas en la que no tiene interés y donde la atención no está enfocada. Una madre que duerme se despertará al menor llanto de su bebé mientras que quizás no se dé cuenta del ensordecedor ruido de unos tambores en la calle o hasta el disparo de un arma de fuego por los alrededores. Un hábil doctor detectará los leves sonidos que indican una enfermedad respiratoria y cardiovascular en sus pacientes. Sin embargo, a estas mismas personas que son capaces de detectar las más leves diferencias de los sonidos antes mencionados muchas veces se les conocen como "malos oyentes." La razón es porque ellos sólo escuchan lo que les interesa y aquello para lo cual han entrenado su atención. Ese es todo el secreto, así que la cosa está en entrenar la percepción para escuchar. El remedio para "malos oyentes" y la memoria de cosas que se escuchan dependen del nivel de interés y atención.

La razón por la cual muchas personas no recuerdan lo que oyen es simplemente porque no han escuchado como se debe. Uno no puede oír todo y no es aconsejable. Personas que tienen mala memoria de impresiones del oído deben de empezar a "escuchar" atentamente. Encontrarás las siguientes técnicas muy útiles:

Trata de recordar palabras, frases u oraciones que escuchas en una conversación. Encontrarás que el esfuerzo de imprimir la oración en tu memoria resultará en una concentración de la atención en las palabras del locutor. Haz lo mismo cuando estás escuchando a un profesor, cantante, actor o a un conferencista. Elige las palabras para memorizar y decide que tu memoria recibirá fácilmente la impresión y la retendrá bien. Escucha los pequeños detalles de un diálogo que llegue a tus oídos mientras camines en la calle y aspira a memorizarte una frase o dos tal como si fueras a contárselo a otra persona. Estudia las expresiones e inflexiones de las voces de las personas que te hablan. Te sorprenderán con los detalles que esta técnica te puede revelar.

Escucha los tonos de varias personas y esfuérzate para distinguir las diferencias de los sonidos entre ellos. Haz que un amigo te lea una línea o dos de poesía y luego esfuérzate a memorizarlas. Continúa haciendo esto y desarrollarás significativamente el poder de la atención voluntaria a sonidos y palabras dichas. Pero más allá de todo, practica repetir las palabras y sonidos que haz memorizado tanto como puedas. Al hacer esto harás que la mente entre en el hábito de tener interés en las impresiones del sonido.

Combo 2 en 1

En algunos casos las impresiones de la vista y el sonido van de la mano, como por ejemplo en el caso de las palabras en que no sólo el sonido sino también la forma de las letras que componen la palabra o más bien la forma de la palabra se almacenan juntas, y consecuentemente se recuerdan más fácilmente que las cosas en las que sólo se graba el sentido de la impresión.

Los profesores de la memoria utilizan esta información como una forma de ayudar a sus estudiantes a recordar palabras al decirlas en voz alta, y luego las escriben. Muchas personas aprenden los nombres de esta manera, la impresión de la palabra escrita, agregada a la impresión del sonido, duplica el potencial.

Cuanto más impresiones puedas hacer en lo que se refiere a algo, más oportunidades tendrás de recordar fácilmente. También es muy importante conectar la impresión del sentido más débil al más fuerte para que el primero sea memorizado. Por ejemplo, si tienes una buena memoria visual pero una mala memoria auditiva, se sugiere que conectes tus impresiones de sonido a las impresiones de la vista. De esta forma tomas ventaja de la ley de asociación.

6

Cómo recordar nombres y rostros

Seguramente has escuchado una declaración muy parecida a esta que dice "la palabra más hermosa que un individuo pueda escuchar es su nombre dicho por otra persona."

Sin embargo, esto implica una gran amenaza para personas que tienen problemas recordando nombres, especialmente aquellos que suelen asistir a importantes reuniones y encuentros de negocios. ¿Si alguien se te acerca y te llama por tu primer nombre, no crees que sería embarazoso si no eres recíproco llamándolo tú también por su nombre? Y por supuesto, es aún más humillante preguntar directamente su nombre cuando esta persona espera que ya lo sepas.

Lo mismo sucede al recordar rostros. ¿No te molestaría si conoces algunos importantes empresarios en una reunión sólo para que luego se te olviden sus rostros una vez que llegues a tu casa?

Más veces de las que tú crees la dificultad para recordar nombres y caras es causada por el hecho de que los nombres y las caras por sí mismas no son interesantes, y por consiguiente no te exigen ni tampoco mantienen tu atención como otros objetos presentes en la mente.

He aquí varias estrategias efectivas para ayudarte a recordar nombres y rostros más fácilmente:

1. En lugar de solo escuchar el vago sonido de un nombre, enfoca tu mente en oírlo claramente y concéntrate en plasmarlo en tu memoria.

2. Repite el nombre varias veces en tu mente. Si es posible, usa el nombre siempre que puedas. Le puedes decir a tu amigo ahora y a tu hermana más tarde "conocí a Jonathan Nowitzki." También puedes hacer un comentario de su nombre "tuve un compañero de clase que se llama Mark Nowitzki que es muy bueno en electrónica. ¿Lo conoces?"

3. Luego de oír el nombre, escríbelo varias veces. Al hacer esto estarás adquiriendo el beneficio de la doble impresión, sumando la impresión visual a la impresión del oído, como lo vimos en el capítulo anterior.

4. Cuando escuches que mencionan el nombre, mira intencionalmente a la persona que están aludiendo. Al hacer esto estás conectando el nombre y la cara juntos al mismo tiempo en tu mente. La próxima vez que se te olvide el nombre sólo acuérdate de su rostro, y puede que tengas la oportunidad de recordarlo.

5. Visualiza el nombre como un objeto en tu mente. Mira las letras del nombre en los ojos de tu mente como una imagen o fotografía. Exagera todo lo que puedas. Puedes imaginarte el nombre "Nowitzki" en tu mente como un objeto grande y peludo con tres ojos lleno de picos. Para una imagen más clara visualiza al Sr. Nowitzki levantando la palabra gigante "Nowitzki" sobre su cabeza así como a un levantador de pesas. Cuanto más exagerado y gracioso, más oportunidades tendrás de que se grabe en tu mente.

6. Conecta a una nueva persona con un individuo del mismo nombre que tú ya conozcas. Asocia al nuevo Sr. Coppenhagen con un viejo cliente que también se llama así. Cuando veas al hombre que acabas de conocer pensarás en el que ya conoces, y el nombre vendrá a tu mente como un destello de luz. Puedes hasta visualizar a los dos Coppenhagen pegados uno al otro como unos siameses para poder así desencadenar el pensamiento de que tienen el mismo nombre.

7. Recuerda la atmósfera o el entorno. El recordar lo que sentiste o lo que hiciste cuando conociste a una

persona puede desencadenar recuerdos de cómo te presentaron a él o a ella, o cómo lucían y otros aspectos relacionados con su persona.

8. Analiza las características distintivas del rostro de la persona. Fíjate qué es lo que hace que esa persona se destaque del resto. Puedes fijarte en los ojos, la nariz, las orejas, los labios, el cabello u otras partes de la cara. Esa observación y reconocimiento tienden a inducir un interés en el asunto de las características. Te fuerzan a enfocarte en el rostro de la persona la primera vez que la conoces. Ahora mismo ya sabes la importancia de tener interés para recordar cosas. Si te presentan a un hombre que es capaz de pagarte más de $500 la próxima vez que se encuentren, te inclinarás a memorizar su nombre y a estudiar su rostro detenidamente para poder reconocerlo, lo que no sucederá con un hombre que no tiene nada que darte.

9. Relaciona un nombre con un objeto visual. Digamos que acabas de conocer al Sr. Reina. Para recordar su nombre puedes visualizar muchos reyes vestidos con relucientes coronas con grandes joyas. Si el Sr. Reina está interesado en el básquetbol y también quieres recordar esto, entonces imagínate a los reyes usando uniformes de básquetbol sobre sus elegantes ropas y tirando incesantemente al aro. O si también el Sr. Reina es un doctor, entonces visualiza a los reyes con uniformes de básquetbol con grandes estetoscopios alrededor de sus cuellos tirando al aro. También te

puedes imaginar a los reyes hablando como Bugs Bunny, Eh! ¿Cómo estás viejo? Cuanto más gracioso, mucho mejor.

He aquí otro ejemplo, pero esta vez con un nombre más largo. Digamos que te presentaron a Mary Bennetton. Ahora ¿Cómo recuerdas Bennetton? Puedes relacionarlo con la famosa tienda de ropa. Imagínatela en la tienda comprando en medio de las rebajas con toneladas de indumentaria a su alrededor. Puedes exagerar un poco pensando que llora cuando no encuentra lo que desea. Si la Sra. Bennetton es una jugadora de tenis puedes imaginártela doblando unas raquetas de tenis atascadas en su cabeza.

10. Visualiza durante la noche los rostros de las personas que has conocido durante el día. Trata de desarrollar la facultad de visualizar sus características, para así practicar tu habilidad. Dibújalas en tu mente y míralas con tu ojo mental hasta que puedas visualizar las características de viejos amigos. Entonces haz lo mismo con conocidos y así sucesivamente, hasta que seas capaz de visualizar las características de todos los que conozcas. Lo siguiente que puedes hacer es empezar a agregarlos a tu lista recordando las características de aquellos extraños que has conocido. Con un poco de este tipo de práctica desarrollarás un gran interés en rostros, y tanto tus recuerdos de ellos como el poder de recordarlos se incrementarán rápidamente.

11. Haz un estudio de nombres y rostros. Empieza con una vista rápida para luego ir en detalle, y no tendrás ningún problema en desarrollar una memoria clara y concisa de todos ellos. Una buena idea sería el analizar fotografías en detalle, no como un todo. Si puedes incitar intereses adecuados en nombres y rostros estarás más propenso a recordarlos.

7

Cómo recordar números

En casi todo lo que hacemos hay números involucrados –números de teléfono, tarjetas de crédito, números de cajeros automáticos, códigos postales, contraseñas, cálculos y ¡muchos más! Ya sea que los ames o que los odies, los números están aquí y llegaron para quedarse. Para poder hacerle frente a este estilo de vida de hoy tan agitado, tienes que ser capaz de recordar muchos números, o estarás confundido y desorganizado.

Al contrario de las palabras que pueden ser asociadas con un objeto, los números son difíciles de recordar porque son abstractos. Si yo te digo que pienses en un bolígrafo tu mente inmediatamente visualiza el bolígrafo. Pero si digo 2473 te será muy difícil comprometerlo a la memoria.

En este capítulo te enseñaré varias técnicas de memoria para recordar mejor los números, a fin de que puedas llevar a cabo transacciones comunes y de una forma más eficiente.

Sentidos

Tus sentidos, especialmente los oídos y los ojos, pueden probar ser muy efectivos a la hora de recordar los números. He aquí cómo funciona:

Repite para ti mismo el número varias veces. Puede que sea difícil para ti recordar un número como "2895" como algo abstracto, pero será fácil para ti el sonido de "dos-ocho-nueve-cinco".

También puedes visualizar el número. Escríbelo varias veces para que lo alojes en el banco de tu memoria. Y una mejor idea es el crear una imagen vívida de este número para mejorar la retención en la memoria. Visualiza el "2895" en grande, hermosamente colocado en una cartelera con colores luminosos y con piezas de joyería alrededor. El número te sigue por donde quiera que vayas. Lo ves por todos lados. Está en el espejo de tu baño, en la pantalla de la televisión, en la pared del living de tu casa, ¡no te deja tranquilo! Hasta puedes intensificar la imagen haciendo un jingle o un slogan como "2895", ¡sin corriente!

Te puedes olvidar de que el número de cierta casa u oficina es "2895", pero puedes recordar fácilmente el sonido de las palabras dichas "dos-ocho-nueve-cinco", o la forma de "2895" como lo vez en la puerta del lugar.

Asociación

La ley de asociación puede ser utilizada como una ventaja al memorizar números. Por ejemplo, uno puede recordar el número 186,000 (el número de millas por segundo al que viaja la luz en el espacio) asociándolo con el número del antiguo lugar de trabajo del padre, "186". Otra persona puede recordar su código postal "1816" al recordar la fecha de la Declaración de Independencia.

Convirtiendo números en palabras

Una forma muy común y también práctica es recordar la técnica de los números como si los transformaras en palabras. Probablemente la forma más fácil de hacer esto es asignar a cada número del 1 al 9 una letra equivalente: A=1, B=2, C=3, D=4 y así sucesivamente. Utilizando esta técnica el 724 se convierte en GBD. Las letras GBD quizás no tengan ningún sentido, así que las tienes que convertir en acróstico. ¿Qué tal "Grandes Bailarinas Divertidas"? La próxima vez que quieras recordar 724, sólo recuerda "Grandes Bailarinas Divertidas" y convierte las primeras letras en los números equivalentes. Si crees que la frase "Grandes Bailarinas Divertidas" se te puede olvidar, pues entonces crea en tu mente una imagen de grandes bailarinas bailando al ritmo de un tambor.

He aquí otro ejemplo: si necesitas recordar la contraseña de algún sistema de computación para el cual es el número 135, entonces puedes imaginar a tu computadora dejando acceder a "Alguien Con Elegancia" para alguien tan adorable como tú.

El código de foto

Utilizando esta técnica le asignas una imagen a cada número del 1 al 9 que sea similar en apariencia. Mira cómo los números de abajo se ven como los objetos que representan:

0 = bola
1 = varita mágica
2 = cisne
3 = tenedor
4 = velero
5 = caballito de mar
6 = bomba
7 = pata de cabra
8 = reloj de arena
9 = globo

Memoriza todos los símbolos de arriba y los números equivalentes. Si encuentras que estos símbolos no se graban en tu mente entonces conviértelos en algo que puedas recordar. Luego de memorizar las imágenes puedes empezar a utilizar el método.

Digamos que quieres recordar el número de calle de la casa de tu amigo, el cual es 289. Puedes entonces visualizar un cisne (2) nadando con un reloj de arena (8) en su espalda y amarrado al reloj de arena un gran globo rojo (9). O digamos que quieres recordar el 471. Puedes imaginarte un velero (4) con una pata de cabra (7) colgando de lado y pegada a la pata de cabra una varita mágica (1).

El sistema de memoria mayor

Este método es un poco complicado por los grandes detalles involucrados en el mismo, pero una vez que le encuentres la vuelta podrás recordar largas filas de números, pudiendo así impresionar a tus amigos. En este método a cada número se le asigna una consonante o el sonido de una consonante como se muestra a continuación:

0 = c ("c" es la primera letra de cero)
1 = t ("t" es similar al uno con una línea que lo atraviesa)
2 = n ("n" tiene dos barras, como en números romanos)
3 = m ("m" tiene tres barras)
4 = o ("o" es la última letra de cuatro)
5 = L ("L" es el número romano 50)

6 = g ("g" es seis al ser rotada 180 grados)
7 = k ("k" parece dos números siete rotados y juntos)
8 = f (cuando se escribe la "f" en cursiva tiene dos pancitas como el 8)
9 = p, b, d ("p", "b" y "d" se parecen al 9 en diferentes ángulos)

He aquí cómo funciona este sistema. Toma las consonantes o los sonidos de las consonantes de los números y agrega las vocales entre ellas para formar un grupo de palabras, frases u oraciones.

Digamos que el número de teléfono que quieres recordar es el 852-03919. Convierte eso a "fln-cmptd". Agrega algunas vocales y obtendrás algo como "flan computador." La próxima vez que necesites acceder a ese número sólo acuérdate de "flan computador." Puedes hasta agregar algo de visualización y humor imaginándote el flan con cara de monitor de computadora y con una falda como el teclado.

Lista de palabras de memoria

Llevemos el sistema de memoria mayor al siguiente nivel. (Referencia a la tabla de la lección anterior). Lo que vas a hacer con los sonidos de las consonantes es hacer una lista de palabras a las que se les pueda relacionar. Déjame darte algunos ejemplos a continuación:

1 = t = té
2 = n = Noé
3 = m = Mamá

4 = o = Ola
5 = L = Ley
6 = j = jota
7 = k = kilo
8 = f = fe
9 = p = paz
0 = c = col

¿Qué hacemos con los números de dos dígitos? La palabra debe de empezar con la consonante que representa el primer número y debe de terminar con la consonante representando el segundo dígito. Mira los ejemplos a continuación:

10 = tc = taco
11 = tt = Tito
12 = tn = tono
13 = tm = tomo
14 = tr = tiro
15 = tl = tul
16 = tg = toga
17 = tk = tick
18 = tf = tufo
19 = tb = tubo
20 = nc = nuca

Esta lista de palabras te ayudará a asociar cualquier elemento con un número. Por ejemplo, si haces una lista de cosas para hacer en tu casa, la tarea número 1 es limpiar el refrigerador. Conecta el té (imagen del 1) con el electrodoméstico. Puedes visualizar una gran taza de té con el refrigerador adentro. Si la tarea número 4 es limpiar el baño, puedes entonces imaginarte una ola enorme (símbolo asignado a la imagen del 4) saliendo del inodoro.

Esta avanzada herramienta puede ser muy útil al recordar artículos que están arreglados en orden cronológico. Asociando las imágenes a las palabras ordenadas cronológicamente, podrás recordarlas una a una con tan solo ver la escena en tu cabeza.

Una vez que te hayas familiarizado con las palabras que has hecho que representen los números, serás capaz de recordar cualquier ítem de la lista tan sólo con oír su número.

¿Pero cuántas palabras puedes crear? Eso depende de tu necesidad. Muchas personas tienen una lista de cien palabras. Aunque recordar tantas parezca algo imposible, con solo saber el sonido de las consonantes o las consonantes que representan cada número, no tendrás de qué preocuparte, ya que podrás lograrlo.

Recordando fechas

El sistema de memoria mayor combinado con una ingeniosa visualización puede también ser utilizado para recordar fechas especiales.

Digamos que necesitas recordar el cumpleaños de tu amigo que es el 11 de mayo. Puedes visualizar a tu amigo con un sombrero de cumpleaños preguntando "¿vas a invitar a Tito?" (Tito representa el número 11 según las tablas anteriores).

¿Qué tal si quieres recordar una fiesta programada para el domingo a las 4 de la tarde? Para los días de la semana puedes asignar un número para cada uno. (Como por ejemplo domingo = 1, lunes = 2, martes = 3 y así sucesivamente).

Ahora hagamos la traducción: 14 (1 siendo el domingo y 4 siendo las 4 p.m.). Para 14 hemos asignado la imagen de un tiro. Una visualización de una fiesta salvaje con tiros al aire por todos lados sería una buena forma de recordar que tienes una fiesta el domingo a las 4 p.m.

¿Y si fuera a las 4:30? O a las ¿4:15? De ser así, simplemente utiliza las palabra cuarto, media y tres cuartos para representar las diferentes partes de la hora (15 minutos después, 30 minutos después y 45 minutos después). De esta manera se lo puedes agregar a tu visualización.

Para el ejemplo anterior puedes incluir tules corriendo y huyendo (además de los tiros) si la fiesta empieza a las 4:15. ¿Y si es a las 4:25? ¡Escoge el cuarto de hora más cercano para que no llegues tarde!

Recordando canales

A veces puedes confundirte con tantos canales de televisión que existen hoy en día, por consiguiente, se te pueden olvidar algunos o muchos de ellos. He aquí cómo resolver este dilema:

Tomemos a la NBC (National Broadcasting Company, el canal 7 en inglés, Compañía Nacional de Radiodifusión en español) como ejemplo. Puedes convertir las letras en un acróstico como No Bailar Conga. Visualiza una gran fiesta, la más bulliciosa que te puedas imaginar con una larga fila de invitados bailando conga menos tú. Para recordar el 7 conviértelo a su palabra equivalente la cual es "kilo" e inclúyelo en la escena. Así, para recordar que NBC es el canal 7, imagínate la gran fiesta, No Bailar Conga y tú sosteniendo un kilo de patatas.

8
Cómo recordar lugares

Cada persona tiene diferentes habilidades. Algunas han sido agraciadas con el don de la dirección. Existen los que nunca se olvidan de cómo llegar al lugar de destino no importa qué tantos laberintos tengan que atravesar para llegar allí, aun cuando sólo han estado en ese lugar tan solo una vez.

Sin embargo, hay muchas personas que no poseen este agudo sentido de orientación. Estas son las personas que simplemente parecen no recordar lugares donde han estado aun cuando lo han visitado antes muchas veces. Tengo buenas noticias para ti, así que no hay porque frustrarse.

El primer concepto necesario para desarrollar un buen sentido de dirección es el tener un profundo interés en los lugares. Deberías empezar a "tomar nota" de la dirección de las calles o carreteras por donde has viajado – puntos de referencia, giros de la carretera, hasta los objetos naturales de la misa. Estudiar mapas puede ayudarte a despertar un nuevo interés en ellos.

Una de las primeras cosas que hay que hacer una vez que se te ha despertado el interés es tomar nota detenidamente de los puntos de referencia y la relativa posición de las calles y carreteras por donde viajas. Muchas personas viajan a través de una nueva calle o carretera sin prestarles atención, ignorando las características de la tierra mientras van por ella. Esto es fatal para la memoria de lugar. Debes de tomar nota de las vías y las cosas a lo largo del camino. Haz una pausa en las intersecciones y posiciones relativas hasta que se graben certeramente en tu mente.

Cuando estás haciendo caminando, o si saliste a correr por ahí, empieza a ver cuántas cosas puedes recordar. Y cuando llegues a casa repasa el camino en tu mente y verás todo lo que puedes recordar de la dirección y los puntos de referencia. Toma un lápiz y trata de hacer un mapa de tu itinerario dando direcciones generales y tomando en cuenta los nombres de las calles, como así también los objetos distintivos a lo largo del camino.

Cuando viajes compara los lugares con tu mapa y te

darás cuenta que tendrás un interés completamente diferente en tu viaje. Verás que ahora puedes observar cosas que antes no podías reconocer.

Recordando direcciones de lugares

Puede que sea difícil recordar direcciones porque hay muchos pequeños datos repetitivos e información desconocida que está siendo agregada a tu mente. Si el camino tiene muchos giros o calles en diagonal, te será difícil recordar si los giros son a la derecha o a la izquierda cuando estás manejando, y es muy probable que te confundas completamente.

Lo que tienes que hacer es preguntar por un punto de referencia. Si tu amigo te dice "gira a la derecha en la tercer cuadra", puedes preguntar qué punto de referencia verás al hacer el giro a la derecha. Si tu amigo te dice que hay una peluquería en la esquina izquierda, entonces sabrás en qué cuadra debes de hacer el giro a la derecha.

Otro dilema sería cómo recordar todas las "izquierdas" y "derechas." La solución es simple. Puedes convertir "izquierda" y "derecha" en imágenes claras que representan estas palabras. Por ejemplo, puedes utilizar "lagartijas" para las izquierdas y "ratas" para las derechas. Así que si tu amigo te dice "gira a la derecha en la tercer cuadra", te puedes imaginar grandes ratas peludas corriendo por toda la peluquería. Lo puedes exagerar todavía más, visualizando las ratas con lentes de sol y vestidos de mafiosos, si así lo puedes recordar mejor.

Recordando direcciones de casas

Puedes utilizar los métodos que ya has aprendido para recordar direcciones. Por ejemplo, si quieres recordar Avenida del Cerro Azul 32, puedes visualizar un gran paisaje de montañas y colinas majestuosas, y de repente se eleva un cerro que sube hasta el cielo y tiene colores azules que resaltan del resto. ¿Puedes ver todo tan unido como una pareja perfecta?

Para números más largos como el 342 puedes convertirlo a un mono (3 = m, 4 = o, 2 = n). Puedes visualizar un cerro azul que sube hasta el cielo y un mono deslizándose de la punta una vez tras otra. ¿Ves? Estos métodos no solamente te ayudan a recordar, sino que también son muy divertidos. Sólo sigue practicando. Y no lo tomes como una tarea. Diviértete imaginando cosas y al hacerlo a medida que pase el tiempo tendrás una memoria tan buena como nunca antes la tuviste.

9

Cómo recordar eventos

¿Todavía puedes recordar lo que desayunaste hace tres días? ¿Puedes recordar lo que tu jefe anunció ayer acerca del nuevo emprendimiento?

No entres en pánico cuando estas cosas escapan de tu memoria. No estás solo. A veces nos involucramos tanto con las responsabilidades diarias que solemos olvidar eventos y acontecimientos a los que no le hemos prestado atención.

Si en la noche le das una repasada mental a los eventos del día, encontrarás que con sólo repasarlos hará que te involucres de tal manera que estarán a tu disposición en cualquier momento que los quieras utilizar más adelante.

Puedes hacer este ejercicio por la noche cuando estés más a gusto. No lo hagas cuando te acuestes. La cama está hecha para dormir, no para pensar. Encontrarás que el subconsciente se abrirá al hecho de que será llamado posteriormente para los registros del día y "tomará nota" de lo que pasa de una forma mucho más diligente y fiel.

Prueba este ejercicio. Siéntate tú solo una noche y pasa quince minutos tratando de recordar en silencio exactamente los hechos importantes de ese día. Las primeras veces que hagas este ejercicio encontrarás que sólo puedes recordar muy poco. Puede que ni te acuerdes de lo que tomaste para el desayuno ese mismo día. Pero después de algunos días de práctica te darás cuenta que puedes recordar más. Los eventos vendrán más precisos y claros que al principio. Si fuera posible, cuéntales a las personas cercanas a ti los eventos del día, en lugar de recordarlos solo en tu mente. Si las personas de tu entorno están también interesadas en lo que hiciste, estarás todavía más motivado a recordar.

10

Otras herramientas para mejorar la memoria

Si pensabas que todos los ejercicios que vimos anteriormente eran muchos, todavía tengo algunos más guardados para ti en este capítulo.

Organización de la memoria

El ser desorganizado puede quitar mucho de tu tiempo y puede afectar negativamente tu eficiencia y productividad. Tu memoria funciona de la misma forma. Muy parecido a las carpetas en un archivero, tú también puedes crear carpetas mentales para mantener los detalles de una manera más organizada.

¿Cómo hacemos esto?

Creamos carpetas mentales de cosas que nunca podremos olvidar o que están almacenadas en nuestra memoria permanentemente, como los días de la semana o las partes del cuerpo. Por ejemplo, podemos tomar las partes del cuerpo que sean de nuestra preferencia, tales como el cabello, los ojos, la nariz, los labios, los hombros, el pecho, la barriga, los muslos, las rodillas y los pies. Siempre ten en cuenta que para este ejercicio puedes escoger otras partes del cuerpo que te sean más familiares.

Digamos que tienes una lista de tareas para hacer y está comenzando la semana. Decides que quieres organizarte para no dejar incompleta ninguna de ellas. Si la tarea número uno es regar las plantas, te puedes imaginar que crecen de tu cabello flores y hojas, y que las flores de tu pelo bailan alegremente mientras disfrutan de cómo se les riega agua fresca. Si la tarea número dos es cocinar pollo frito para la cena, entonces puedes visualizar que tus ojos tienen la forma de un pollo y que el pollo se ve muy jugoso mientras está siendo cocinado a la perfección.

Haz esto con el resto de tus tareas. Asigna una tarea al archivo y crea una visualización exagerada y graciosa de ella. Diviértete.

El método de la historia

Este método requiere de la creación de una historia completa, pero no tiene por qué ser larga, siempre y cuando todos los elementos para ser recordados sean incluidos en la historia. Establece una conexión entre todos los objetos donde las secuencias sean fáciles de recordar.

Por ejemplo, tu mejor amigo te ha pedido que sirvas siete extravagantes platos para una fiesta de bienvenida, digamos: langostinos, cangrejos, espinacas, salmón, carne, pastas y pizza. Para recordarlos puedes hacer una historia parecida a esta: los langostinos y el cangrejo están caminando juntos, hasta que de pronto la espinaca llega y les grita diciendo que de una vez por todas paguen sus deudas. El salmón y la carne vacuna llegan para acabar con la pelea, pero la pasta y la pizza los bañan con una manguera de agua por el desorden que habían hecho.

No importa si tu historia suena tonta. De todas maneras no estás ni escribiendo un libro ni tampoco un reporte universitario. Lo único que tienes que recordar en este caso es que mientras más tonta sea la historia, mucho más fácil te será recodarla.

Los hechos de la asociación

Estamos continuamente adquiriendo elementos de

información referente a toda clase de temas y aun cuando deseamos recopilarlos muchas veces encontramos la tarea muy difícil, a pesar de que las impresiones originales son muy claras y concretas. Esto es porque no hemos clasificado ni indexado bien nuestras piezas de información, lo que hace que no sepamos por dónde empezar a buscarlas. Es como la confusión que puede llegar a tener un inversionista que mantiene todos sus papeles en una repisa, sin índice, ni orden, ni clasificación de ningún tipo. Él sabe que "están todos allí", pero le costará mucho encontrarlos cuando los necesite.

Siempre es bueno tener la información que recibimos en orden y clasificada. Esto ayuda mucho cuando tenemos que compartirla en reuniones sociales o en eventos corporativos. Al compartir la información con otros necesitas estar seguro de que lo que estás diciendo se ajusta con los hechos que viste y escuchaste con el fin de no dar datos imprecisos ni tampoco información vaga y redundante.

Al consumir cualquier tipo de información que quieras asimilar correctamente, pueden ayudarte las siguientes preguntas:

1. ¿De dónde vino o se originó?

2. ¿Qué lo causó?

3. ¿Qué historia o registro anterior tiene?

4. ¿Cuáles son sus atributos, cualidades o características?

5. ¿Qué cosas puedo rápidamente asociar con esto? ¿Cómo es?

6. ¿Para qué sirve –cómo se puede utilizar- qué puedo hacer con él?

7. ¿Qué prueba existe –qué se puede deducir de él?

8. ¿Cuáles son sus resultados naturales –qué sucede por su causa?

9. ¿Cuál es su futuro, su final natural o probable?

10. ¿Qué pienso de esto, como un todo – cuáles son mis impresiones generales referente a esto?

11. ¿Qué conozco de esto de manera general?

12. ¿Qué he oído acerca de esto antes, de quién y cuándo?

Si te tomas el trabajo de pasar cualquier hecho o asunto por el rígido examen anterior no sólo lo agregarás a cientos de otros hechos convenientes y familiares para que puedas recordarlos rápidamente según la ocasión, sino que también crearás un nuevo tema de información general en tu mente, en donde éste hecho particular será el pensamiento central.

Cuantos más hechos puedas asociar con algún otro

hecho en particular, más "ganchos" tendrás para extraer este hecho al campo de la conciencia.

Los 7 principios de la memoria

Los principios abajo descritos pueden ser aplicados a cada aspecto de tu vida diaria: en la casa, en la escuela, en el trabajo y en tu tiempo libre. Ten presente que el memorizar definitivamente involucra aprendizaje, y ambos son actividades complementarias para una mejor supervivencia y para obtener mayores logros en nuestro mundo moderno.

1. Los alumnos aprenden más y mejor de su comportamiento. Por consiguiente, los errores aprendidos se deben minimizar para poder así alcanzar una mejor memoria y el dominio de las destrezas interiores.

2. El aprendizaje es más efectivo cuando las respuestas correctas se refuerzan inmediatamente. La retroalimentación debe de ser informativa y gratificante siempre que la respuesta sea la correcta, así como se discutió anteriormente cuando se hizo referencia a la memoria y a la motivación. El castigo, si se utiliza, puede ser efectivo, sin embargo, algunos datos han demostrado que inhibe el aprendizaje más que incrementarlo. Puedes suprimir temporalmente una respuesta incorrecta, pero la respuesta tiende a

reaparecer cuando el castigo no persiste. El castigo también puede ser emocionalmente disruptivo y puede también ser un disonante cognitivo en el proceso de aprendizaje y de almacenaje de información. Por ejemplo, niños que son castigados por haber cometido un error mientras leen en voz alta pueden alterarse y distraerse tanto por el castigo, que cometerán aún más errores.

3. La frecuencia del reforzamiento determina qué tan bien una respuesta puede ser aprendida y retenida.

4. El practicar un resultado en varias atmósferas incrementa tanto la retención de los datos como la transferencia de estos datos en nueva información. Esto significa que uno puede suponer una constante reelaboración de las ideas o imaginarse en una actividad reactiva (hablándose a sí mismo en voz baja para obtener una respuesta consciente) a fin de propiciar un mejor pensamiento y memoria.

5. Las condiciones motivadoras pueden influenciar la eficiencia del pensamiento positivo y la memoria, así mismo pueden jugar un papel clave en el incremento del nivel de retención de la memoria.

6. El aprendizaje consciente es más permanente y más transferible que aprender de memoria. Entender lo que se memoriza es mejor que sólo practicar cómo memorizar bien.

7. Las personas aprenden de forma más eficaz cuando aprenden a su propio ritmo.

Conclusión

Luego de haber leído este material, de seguro te habrás dado cuenta de que has aprendido muchas técnicas para memorizar cosas más eficientemente: formando imágenes vívidas y graciosas, haciendo asociaciones, convirtiendo números en palabras con imágenes y muchas otras más.

Recuerda que no existe una forma "correcta" o "equivocada" para memorizar algo, la idea es simplemente tomar la información y las técnicas que ya has aprendido, y adaptarlas a una tarea o actividad específica para la cual la esté necesitando.

Pero por encima de todo te animo a practicar, a memorizar cosas todos los días. Considera esto: si alguien te enseña cómo manejar un automóvil y estudias detenidamente el manual del carro y te aprendes perfectamente todo lo que se debe saber acerca de manejar un carro, esto no significa que puedas subirte a uno y empezar a manejar sin cometer ningún error. Tú sabes lo que tienes que hacer.

Mantén la práctica de las técnicas de la memoria que has aprendido hasta que se conviertan en tu segunda naturaleza. Mira alrededor tuyo y encuentra cosas para memorizar tales como el teléfono de tu primo, la receta de tus galletas favoritas de chocolate, las siglas de tus canales favoritos de televisión, las palabras del vocabulario de tu libro escolar de ciencias, tu placa o tu licencia de manejo.

Anímate, ¡y no te olvides de divertirte mucho!

Libro Gratis

 Como lo mencioné anteriormente, presionando el link debajo podrás descargar este libro complementario, en el cual el autor, con más de cuarenta años de experiencia y más de 50 libros escritos, expone sobre las características del sistema nervioso central y sus relaciones con la memoria, la atención, la agilidad en la respuesta y el orden para el estudio.

Sin duda este libro te ayudará todavía más a mejorar tu memoria y concentración, logrando aumentar tus capacidades mentales y lograr que tu cerebro funcione a su máximo rendimiento.

Descárgalo desde Editorialimagen.com – Puedes ingresar al sitio y buscar "Como desarrollar su atención y su memoria" o escribir este link en tu navegador:

http://editorialimagen.com/dd-product/como-desarrollar-su-atencion-y-su-memoria/

Estimado Lector

Nos interesa mucho tus comentarios y opiniones sobre esta obra. Por favor ayúdanos comentando sobre este libro. Puedes hacerlo dejando una reseña en la tienda donde lo has adquirido.

Puedes también escribirnos por correo electrónico a la dirección info@editorialimagen.com

Si deseas más libros como éste puedes visitar el sitio de **Editorialimagen.com** para ver los nuevos títulos disponibles y aprovechar los descuentos y precios especiales que publicamos cada semana.

Allí mismo puedes contactarnos directamente si tienes dudas, preguntas o cualquier sugerencia. ¡Esperamos saber de ti!

Más libros de interés

Alcance Sus Sueños - Descubra pasos prácticos y sencillos para lograr lo que hasta ahora no ha podido

Este libro ha sido escrito con el propósito de ayudarle a alcanzar aquellas metas que todavía no ha logrado y animarle a seguir luchando por aquellos sueños que está persiguiendo.

He dividido esta obra en 6 capítulos pensando cuidadosamente en todas las áreas involucradas en el proceso de alcanzar nuestras metas y lograr nuestros sueños.

El Arte De Resolver Problemas - Cómo Prepararse Mentalmente Para Lidiar Con Los Obstáculos Cotidianos

Todos tenemos problemas, todos los días, desde una pinchadura de llanta, pasando por una computadora que no enciende a la mañana o las bajas calificaciones de un hijo en el colegio. Sin embargo, debe prestar atención a sus capacidades para ser cada vez más y más efectivo.

 **Cómo Desarrollar una Personalidad Dinámica** - Descubre cómo lograr un cambio positivo en ti mismo para asegurarte el éxito

La actitud correcta no sólo define quién eres, sino también tu enfoque y el éxito que puedas llegar a alcanzar en la vida.

En este libro aprenderás los secretos de las personas altamente efectivas en su negocio, cómo desarrollar una actitud positiva para tu vida familiar y tu profesión, cualquiera que esta sea.

 **Cómo Hablar en Público Sin Temor** - Estrategias prácticas para crear un discurso efectivo

Hablar en público, en especial delante de multitudes, generalmente se percibe como la experiencia más estresante que se pueda imaginar. Las estrategias de oratoria presentadas en este libro están diseñadas para ayudarte a transmitir cualquier idea y mensaje ya sea a una persona o a un grupo de gente.

Cómo influir en las personas

Aprende cómo ejercer una influencia dominante sobre los demás. Un manuscrito descubierto recientemente enseña técnicas de control mental novedosas, provenientes de un estadista oriental antiguo.

Si realmente apuntas a la grandeza, riqueza y éxito en todas las áreas de tu vida, DEBES aprender cómo utilizar la influencia dominante sobre otros.

Lean Manufacturing En Español

- Cómo eliminar desperdicios e incrementar ganancias, Descubre cómo implementar el Método Toyota exitosamente

En este libro hallarás una gran variedad de consejos e historias reales de casos exitosos, incluyendo información reveladora y crucial que muchas empresas ya han puesto en práctica para agilizar sus procesos de producción y lograr la mejora continua.

Cómo multiplicar tu dinero y alcanzar la prosperidad - Descubre cómo se relaciona la gente con el dinero y supera las creencias limitadas que te impiden generar riqueza

Si no te puedes imaginar que sea posible ganar 10 veces más que tu ingreso actual, entonces ya te has puesto en tu cabeza un límite financiero. Si no puedes imaginarte que eres capaz de conseguir un ascenso, entonces ya has creado en tu cabeza un límite para tu carrera. Y podemos continuar. Con el tiempo has incorporado en tu mente una serie de límites y creencias.

Cómo Utilizar Las Palabras Para Vender - Descubre el poder de la persuasión aplicado a las ventas online (Serie Marketing)

¿Por qué tu competencia vende el triple si ofrece el mismo producto que tú ofreces, en las mismas condiciones y al mismo precio? ¡Tal Vez No Estés Utilizando Las Palabras Adecuadas!

La Ciencia de Hacerse Rico – Como atraer el éxito para ganar dinero

Este libro es un manual práctico, no un tratado sobre teorías. Está diseñado para el hombre y la mujer que tienen como mayor necesidad el dinero, que quieren hacerse ricos primero, y filosofar después. Cada hombre o mujer que haga esto se hará rico, porque la ciencia aquí aplicada es una ciencia exacta y su fracaso es imposible.

El Secreto de los Nuevos Ricos - Descubre cómo piensan las mentes millonarias del nuevo siglo

La razón por la cual la mayoría de los individuos batalla con sus finanzas es porque no comprende la naturaleza del dinero o de cómo funciona el sistema económico actual.

Hoy en día existen personas jóvenes que ya son ricas y han prosperado con éxito. En este libro descubrirás cómo piensan aquellos que han logrado enormes fortunas y cuáles son las reglas del juego en esta nueva economía.

Cómo ganar amigos e influenciar a las personas en el siglo 21 - Lecciones transformadoras que le permitiran a cualquiera conseguir relaciones duraderas y llevarse bien con personas en todos los ambitos de la vida moderna.

¡Descubre cómo puedes vivir una vida plena convirtiéndote en un profesional de las relaciones sociales! Todos tus amigos te apreciarán como a nadie y podrás disfrutar de tus amistades como nunca antes.

www.ingramcontent.com/pod-product-compliance
Lightning Source LLC
LaVergne TN
LVHW011731060526
838200LV00051B/3138